U0899184

七月诗选

杨东彪◉著

线装書局

图书在版编目（CIP）数据

七月诗选 / 杨东彪著. -- 北京 : 线装书局,2013.7
ISBN 978-7-5120-1019-2

Ⅰ. ①七… Ⅱ. ①杨… Ⅲ. ①诗集－中国－当代 Ⅳ. ①I227

中国版本图书馆CIP数据核字(2013)第141925号

七月诗选

作　　者：杨东彪
责任编辑：曹胜利
装帧设计：白　晨
出版发行：线装书局
地　址：北京市西城区鼓楼西大街41号（100009）
电　话：010-64045283
网　址：www.xzhbc.com
经　　销：新华书店
印　　制：北京市雅迪彩色印刷有限公司
开　　本：889mm×1194mm　1 / 32
印　　张：5.375
字　　数：57千字
版　　次：2013年7月第1版第1次印刷
印　　数：0001-8000册

定　　价：35.00元

这是杨东胜先生的一本诗集，东胜先生告我，他是农历七月的生日，七月也是他的笔名。"七月"又是胡风先生当年的刊物，记得有人编选《七月诗选》。同名，特记。

谢冕

二〇一三年七月二十三日

微风习习的夏夜
门板拼成了纳凉的床
床板上爬满了童真的幻想和神话
……

序

北漂的诗行

这几年，我一直在敦促东彪把自己零星发表的诗，整理一下结集出版，意在给纷纭芜杂的诗坛，添一点清新。然而他总是应承着，却不见诸行动。我想，他也许是忙于商务或过于律己，不愿将自己隐秘的诗世界轻易示人吧！

直至前些日子，他才将薄薄的一本诗集交到我的手里，嘱我为序。因耽于杂事，近日才静下心来系统地读东彪的诗，边读边感动着，读罢才觉得非要写点什么，一些往事也浮现眼前……

记得是2009年元旦，《北京晚报》前所未有地以一个整版的篇幅发表了东彪的诗作《祝福2009》。这个来自艾青故里的诗作者，在长达250余行的诗行里，将发生在2008年的主要事件和对2009年的每一个祝愿，以其独有的智慧，串成了抑扬顿挫的新年鸿篇。应该说，这250余行的诗作，绝非一日之功可以成就，需要深厚的生活沉淀和文字功底。作为首都发行量最大的都市报之一，由一个北漂诗人向数千万首都人民以诗歌形式发出新年问候尚属首例。

东彪在上个世纪90年代中期来到北京。他反对以“寻梦”这两个字来形容其在北京的生活。他的梦，源于南方，也留在了南方那座曾经养育他的城市。奇怪的是，他的所有诗作都成稿于北京，包括他的诗歌处女作（他的处女诗作，是当年他到北京出差时写下的）。

他诗的创作断断续续，产量也不高，有时间隔数年，才有新作出现。这本诗集收入的作品是不完整的，他的很多作品，都在发表后，由其本人废弃。

东彪的诗作无流无派。从他的第一首诗，到此后的全部作品，他始终坚持用自己对诗歌的理解写作，用他自己的声音在表达。但他的作品，都会或多或少表现出对故土、故友的思念，并夹杂着强烈的漂泊感。这一点，在他的《风》、《约定》里表现得尤为突出。

他在《风》中这样说："童话被锋利的光线／裁切成风的外衣／往事随风攀援而上／叶子纷纷扬扬回落／听不到根的呼吸……"这个根，应当理解为陪伴他走过少年、青年时光的"故乡"。然而不是,他在诗作《单车》里这样说道："我把单车留在南国的故里／我的故里是父亲的异乡／父亲把梦留在我的故里／我把父亲的温度留在了他的异乡……"追根溯源，他在《风》和《约定》里的根，不是他真正意义上的故乡。近 20 年的北漂生活，东彪对故乡是何其敏感，他在努力寻找故乡的脉搏，贴近故乡……他常常问自己：从哪里来？也苦苦地思索：魂归何处？

北漂的艰辛并不多见在他的诗行中，反而从他的作品中，读到他执着地向上以及对理想与信念之不懈追求，他对诗歌的坚持不辍正是支撑他不屈脊梁的有力见证。他在《野菊花》中写道："往往是由一朵启程／

被风轻拂或卷动／都一样跑满山坳／雨水赋予了纯净的血／纤细的枝／同样是昂头的脊梁……”

爱情诗恐怕在诗歌中占的比例最高，东彪的“爱情诗”在这本诗集中却屈指可数，且这些“爱情诗”被东彪本人封上“被误为情诗的诗”的标签。费解之余，更多的是对这些不是情诗的诗的咀嚼。

说实话，我更喜欢他的《星星》、《雨》之类的作品，不玩弄技巧，娓娓道来，在喧嚣的都市里，他的诗，给了读者难得的恬淡。在这些诗的意境里，曾经的往事、岁月的感慨在星星和雨中纷至沓来。

艾略特认为，诗人在写他自己的时候，就是在写他的时代。因此，现代诗歌的立象尽意，是诗美感性化的本质要求，也是现代诗的本性所在。东彪的诗颇具现代意味，他较好地把握了现代诗的审美意象，将诗的“意、情、象”实施有机结合，这是创造诗美时空的基本要素，也是从具象化、意象化逐步向抽象化的一种完美过渡，能做到这一点实属不易。有的诗人往往一不小心，就容易在诗中羼杂一些非诗的抽象说教式的语言，东彪的诗却始终保持了一种清新葳蕤的现代诗风，注重具象和意象，同时又不忘抽象化的升华，这就需要大大加强诗人主体情怀的表现意欲，除了关心现实，具有忧患意识之外，还要从意蕴的形而下层面，转到形而上层面，使自己的现代诗歌中凝聚了当今中国的时代精神和人类命运的终极关怀。东彪正是朝着这个目标努力的，但愿他的诗，能进一步走向凝重和大气。对于北漂的诗者而言，要做到这一点，需要付出比别人更多的代价，唯此，才能应对高昂的生活成本，应对激烈的社会竞争，倘若要继续其童年最初的梦想，就注定要在诗性的漂泊中耗尽一生的心力。

东彪在京历任澳大利亚某上市公司中国区市场总监、国内某著名“中华老字号企业”大区总经理等职，本可西装革履、趾高气扬地做出一副老板样，他却平头布衣、十分谦恭低调地处理着日常事务，和风细雨、不卑不亢与客户和诗人打交道，从无疾言厉色，只是每每在夜深人静的孤灯青影里，才掀起内心诗的风暴："夜阑珊 / 灯光依然忙碌 / 街道依然忙碌 / 酒精 / 在血管里茫然地涌动和歌唱 / 等待黎明……"(《初夏的点滴》)。在这个无休止竞争着的商业社会里，东彪负载着沉重的生活压力，然而他却有些忘我地倾情于诗，时时保持着一颗如玉的诗心："心绪起伏在静止的水面 / 水上印着观音的手指……"(《遥远的莲》)。由此可见，他称得上是一位真正的诗的修行者，凭借自己的一颗善心，无论生活的河如何广大，他都能"一苇杭之"。

《七月诗选》是北漂诗人的一个缩影。

借《七月诗选》出版之际，我谨向所有的北漂诗者致以由衷的敬意，并致以深深的祝福！

2013年6月3日于北京

目录

第四篇 被误为情诗的诗

第五篇 写得纠结的诗

书眉题字

张同吾

插页题字

文怀沙、谢冕、张同吾、高瑛、李小雨、学诚、解海龙等

第一篇
——我写的第一首诗

1988年的初夏，我出差到北京。

这是我第一次到北京。没想到，这次北京之行，开始了我的诗歌创作之旅。

此前，我是写小说的。

《告别》是按照自己对诗的理解，趴在北三环远望楼宾馆大堂的沙发上写成的，发表在了1988年7月6日的《北京晚报》第三版，是我诗歌的处女作。

七月诗选

文怀沙

告 别

汽笛将渐渐拉长的目光
交给车轮
微笑成为永恒

江河潺潺

南方与北方
从今以后
将互望互耀

蚕用生命证明自己的执着
沉重的历史不再需要延续
挥挥手
代表着一个开始

车轮作序是一种主题
告别季节
是季节的含蓄
拉长的目光如雨
渐渐响在土地的深层

北方和南方
……

第二篇
——自己较为满意的诗

有时写完一首，心情很是糟糕，怎么读都觉得别扭。

这几首拙作，在我眼里，还称得上是作品。诗无达诂，不知给予读者又是什么样的感受？

七月诗选

谢冕题

做客谢冕教授家

初夏的点滴

黑色灯光下的嘈杂
香水和汗臭
这个城市刮出来的阵风
短暂地停顿了几个小时

黑色不远处的角落
还散发热气的石头上
坐着童话

关心地眺望
鸟雀压弯了的枝头
却不能触及
树叶上滚动的泪珠
晶莹剔透的极致
将在清晨的朝阳里
深情地绽放

阴霾之上的天空
永无止境的深度
星星灿烂地睒动
流淌着的光芒
没有杂质

每一个季节的重复
每一个季节的新意
都在无所顾忌地袒露

夜阑珊
灯光依然忙碌
街道依然忙碌

酒精
在血管里茫然地涌动和歌唱
等待黎明
剥开日子的童话
也就剥开了日子的笑容

这是一条西去的河流
河流里挤满着不息的热浪

白兰花

多少年了
时光羼杂许多物质
目光的翅膀折了
我遗忘了自己

是什么样的泥土
散发出摄魂的暖香
是什么样的家园
一往情深地声声唤归

只有圣洁如是亲近
夹在书本里
挂在胸前
不经意地撒在靠近阳光的书桌
每个日子
升起清爽的温度
汩汩地流过

开放在心底
在乡音的簇拥下
醉醺醺地回家

星 星

星星驻在心里
夜深人静时
我和星星一起
整理记忆的便签

童年的星星在头顶
恒星是心的坐标
行星是梦的坐骑
穿梭黑色的
是夜空舞动的烛火

蟋蟀声起
孩时的想象充盈夜晚
挂在月弯
又在蟋蟀声中酣然睡去

我已渐老
但我记得
领着自己看星星

我头顶的星星老了么
心中的星星呢
我牵着自己攀至山巅

然后，等待光的溪流
经由我的每一个毛孔
缓缓穿过

那时候

那时候
水，无色无味

那时候
天是有色有味的
太阳在湛蓝的外衣下
气味从每一个细微处迸发

那时候
我们相约在水边
笑和哭都毋庸迟疑

那时候
寒风里飞扬的细雨是甘洌的
梦想在安静的双溪里划出浪花
那时候
激情简单地在雪中刻下名字
而名字雕琢了雪

那时候
山的回响夐辽悠长
心跳和呼吸
都是山的副歌

那时候
狭小的空间
浇灌直立的爱情
那时候
牵挂敲打着窗棂
爱意落在信笺上
就超越了树的高度

那时候
雾霭编织成腰带
系在山的中间
惹得无数回眸

那时候
大地的炊烟扬着庄稼和泥土的气息
那时候
兄弟情深
只需斟满一杯水
那时候
情谊是永不干涸的泉

那时候的水
无色无味
我用生涩的乡音和余生
寻觅

遥远的莲（之一）

只有在虚妄平息之后
才有跃出水面的莲

夏未央
多少次刻意地走过
偶尔对视
将一个季节看成永恒

记忆是温馨的
有时也很孤单
很多撒落的章节
在酷热的风中聚拢
心绪起伏在静止的水面
水上印着观音的手指

出其不意的雨点
滴落在莲上
滴落在往事之上

人与莲也许只有一步之遥
错失之后
竟化为一世之遥

遥远的莲（之二）

最迷离地表现岁月的颜色
有莲的湖面
让世界轻盈

拥有湖面
就能拥有整个夏天
让人想生在湖面死在湖面
是悄然滋长的吸引
以蜻蜓振翮的节奏飞翔
连神灵也不惊动

以无序暗示有序
醒来之时
季节还原本色
人在湖边如在梦里

视线之内
是不散的粉红
视线之外
是不散的芬芳

寻找意想中的芬芳
也许需要盲人的指引

海

举头抬眼
沙滩近在咫尺
加快脚步
裹挟着形状迥异的沙砾
奋力地纵身一跃

想起曾经撞击礁石的豪情
想起仰天长啸
任由船只划过胸膛
想起曾经与海豚同在海的上空
书写苍旻的音符
想起曾经与骤风暴雨的无畏搏斗
想起曾经在溟蒙重围下
保持不屈的形状
……

跃上岸去
因为厌倦为海
跃上岸去
因为岸不为海

海浪追问着
扑向沙滩

又回落到海中

如果上了岸
结果将是灰飞烟灭
然而不是的
那时候，海会站在云端
鸟瞰大地的海

门

幼年时
条条门板顶起了家的天和地
母亲的美馔和街坊的佳肴随意来往
微风习习的夏夜
门板拼成了纳凉的床
床板上爬满了童真的幻想和神话
……

少年时
条条门板被整扇的木门取代
家里家外横生了一道槛
门内、门外的嬉戏声
需要迈过门槛出去、进来
……

青年时
刷上颜色的金属门替代了本色的木门
这道沉重的金属门
连门槛也是金属的
我的歌声关在了门内
邻里的笑声挡在了门外
……

中年时
冰冷的金属门被重重地加厚、加厚
这道厚厚的门
连关门的声音都是沉闷的
门内、门外
间隔出两个不同的世界
……

第三篇

——受人好评的诗

写得多了，难免就有了些创作积累，表达也开始准确了。文学梦做了那么久，总算有几首像样的，为大家喜欢……

七月诗选

张锲题

雲帶鐘聲穿樹去

月移塔影過江來

邵陽北塔聯 書奉

東巍詩家雅念

癸巳辰月張仲舒

野菊花

褪去浮华和雕饰
天的宽阔和地的无垠
渲染云朵落地的欢乐

以太阳的微笑迎接太阳的微笑
饱满的对话
碰撞出一缕缕宁静的目光
质朴的对白无需言语

往往是由一朵启程
被风轻拂或卷动
都一样跑满山坳
雨水赋予了纯净的血
纤细的枝
同样是昂头的脊梁

诗人叩动生活
舒展狂野
却遗落了狂野的魂

别样的精彩
在背离尘嚣的地方湿润

雨

是雨唤醒这个城市
还是城市唤醒了雨
叶子沙沙
雨滴的声音怎么喑哑了

四溢的车流和拥挤的睡眼
被时间重重追撵
而我会透过窗户
远眺丁香一样结着愁怨的姑娘
和那把油纸伞

我的目光太短
只能触及烟雾缭绕的高楼和铁塔
但能用记忆聆听
彼时在青瓦上弹奏乐曲的雨

那些蓄水的沟壑
和那些比试纸船的孩子们呢
那些可以避风躲雨的葳蕤大树
和可以写下诗行的纵横阡陌呢

只要拥有孩子的眼
就能找到童年的雨

单车

多少年了
我再也没有骑过它
晨曦未及的角落
光和光之间有了断裂的跳跃

单车拥有了父亲
父亲拥有了单车
父亲把谜底留给了单车
单车把父亲的牵挂留给了我

父亲是听海长大的渔民的儿子
每一段关于海的记忆
在暖润的夕阳下
悄悄地打湿了阳刚无奢的海

我把单车留在南国的故里
我的故里是父亲的异乡
父亲把梦留在我的故里
我把父亲的温度留在了他的异乡

如今
我那留在南国故里的单车丢了
我竟成了被弃的游子
脚下是无根的荒漠

风

童话被锋利的光线
裁切成风的外衣
往事随风攀援而上
叶子纷纷扬扬回落
听不到根的呼吸

曾经是那么近地凝望
推开黑夜的窗扉
希望总是那么澎湃激昂
黎明在期待中
用最动情的想象浸泡着如椽之笔

记得油菜花奔跑的田间
举着风车转动爽朗的嬉笑
掩不住满垄的喜悦
弹指之间
已不再拥有

伫立于心中的断想
于岁月不断膨胀
水杯晃动着的语言
滋长着愁绪和千里之遥的白发
那离去时的遗憾和叹息
注定封存在永远的目光里

约 定

约定是留在心中的一句话
是时光侵蚀以后的那句话
是扑朔迷离的夙愿
是回忆时的揪心和迷茫

约定属于那个重回故里的梦
属于故里的皓月和不眠的辗转
属于撕心裂肺而又未曾发出的呼唤
属于滴在心中无奈和懊悔的泪

约定把日子埋在那座山的竹林里
是谁见证了那个时刻
无数次的回眸
以及离去的忐忑
又是谁见证了最后一次牵手时的默然

淡忘是对约定的祈福
对怀念的一种尊敬
复活了日子的恬然
犹如温热的吉他
歆享岁月的本来

约定在当时

遗失在当下
约定无约
不因未曾说出的话
只因丢失
那把曾经引以为豪的火

第四篇

——被误为情诗的诗

爱情是诗歌的永恒主题，我却不能为之。

偶然写出一些被认为是情诗的作品，其实是客体化写作的一种表达方式。如果说是情诗，那就是拙劣的情诗吧。

七月诗选

高瑛题

本书作者与高瑛、梁晓声等在一起

有 些

有些事
不是追逐就能靠岸
有些事
追逐一世仍痴迷不罢

有些痛
痛在闲暇和独处
有些痛
在流年里和着时光苏醒

有些怀念
需要发现和漂泊
有些怀念
必须对立和忘记

有些爱
在麻木中滋润和含苞
有些爱
在滋润中干枯和麻木

温暖

阳光不算充沛
没有暖气的屋子
处处散发喜悦的味道

生日其实是一壶农家的酒
不用在乎年份
抿一口
就足以心醉

紧拉着手
慢慢地走过海风徐徐的广场
深深地吸着彼此呼出的气息
热恋的太阳
给流浪画上了句号

美丽用心来打钩
音乐打动了眼眸
眼眸也打湿了音乐
那支歌谣
也许还粘贴在期盼的窗帘

脚步起落的回想
海浪写下的日记

温暖着片刻温暖

奢望的日子
只需容得下两个人的空间
只要放得下两个人的时光
只需要空间和时光绚缦地留住

那一刻

那一刻
苦苦的背影顿失在人群
离离的荒草断然永存于云烟
那一刻
伤恸不再落泪
抽泣只许在梦里
那一刻
矮小的身躯是灿烂的
以小跑的步伐向彼岸进发
那一刻
笑靥浮出水面
在湖畔的风中沉没
那一刻
乡间的尘埃飞扬
分别不需要挥手
那一刻
行囊带着夜色
带着梦想和痴情
那一刻
爱情不再
爱情在亲情中呻吟

那一刻起

和我说话的
是我自己的影子

未曾

淡忘或遗失的
统统散落在泥土的深层

那沉溺于约定中的渴望
那神往于千里外的青丝
那镌刻于寒夜里的外套
那……
是那样经不起时间的震荡
坍塌在独处之壑

偶然间举眼
那早已淡忘的幽香
竟挟裹着无限想象走过
我却只能止步于远去的背影
分辨颜色和弯度

那一缕丢失的青丝
永不被霜染
但，将颤巍巍在
我渐渐花白的头发里

眼 神

只需记住眼神

在眼神下小憩
默默地拥有
轻吻每一次短暂的聚首

那折叠的聚首
停泊在远处的泪光中
那停泊的泪光
厮守着爱雾弥漫的田园

终点总是难以想象
永不凋零的是开放在心底的花朵
再没有比清晨的露水更含情
氤氲着瞳中飘动的羞涩

咖啡或是绿茶
足以让嗅觉和味蕾
最深地沉溺

简简单单的午餐
家的亲切扑面而来
犹如坐进洒满阳光的玻璃屋

尽享欢畅的和风
我记下了每一个这样的日子
每天累计着这样的日子
以恰到好处的水温
润泽这样的时光

我已习惯了缱绻在你的眼神里
难以想象目光离去的那刻
鱼缸里的鱼儿
是浮起还是下沉

背影印象

轻盈地落定
简单的小屋
粼粼地漾开
三潭印月的波光

安静地对视
聆听彼此的心跳和喘息

动人的瞬间
并不需要直面
舒放视线
注视背影
也一样心醉

大放和微漾的凝醉
在半开的鸢尾花里
浸染着紫蓝的忧郁

紫蓝怀抱了我的睡梦
也怀抱了我的想象

敲打地面的声响
由近至远地靠近
……

如 果

如果红豆不再相思
如果季节作别四季
如果岁月不会老去

邂逅
是双梦的叠影

心绪晃动了往事
桌上两盅热茶
最终用冰冷触向嘴唇

我的寒峭
你的微温
每天交替在城市不同的角落

墙外的飓风
无数次地冲撞后弹回
弹回后冲撞
爬满青苔的墙上
散开无边的狂放

往事
任岁月不息地敲打

相思
在天地间一片又一片

初 恋

缀满星星和月亮
缀满当初的懵懂和渴盼
缀满那时的神往和悸动

一闪而过
那抹闪过的火红
倏忽间刺痛了僵滞的眼睑

那抹闪过的火红
植入脑里、心里、眼底里
红色的云朵铺天盖地
植入到枕衾里
睡眠变得那么湿冷
植入到笔芯里
笔尖下的伤痕或深或浅
……

第五篇

——写得纠结的诗

常常为一首诗作不思茶饭，寝食不安，乃至沮丧。

说到底，根源是自己功底不足，语言不逮。

反复修改，越修改，越失望。

七月诗选

李小雨

蓝色的空气

在白云纠缠的蓝色空气里
几本书、信笺和久违了的钢笔
随每个汉字漂泊
断想之间
年迈的母亲和往昔的同窗
流逝的光泽和温度……
折射在静止的机翼之上

可以自在地向隅独茕
孤独是最自由的意象
可以选择游历的城市和乡村
远离我们依赖的道具和摆弄的木偶

从琼州海峡到西子湖
西子湖又到北京
分不清是旅行还是途中的一座城市
可以独自穿梭于法兰克福、米兰、马德里
在不同肤色的语言里歇脚

杜鹃涂满了山的时候
山，成就了杜鹃

出发和到达

不是旅程的开始和结束
短暂或漫长的飞行
空气漂流的蓝色
在起飞之后云涌
降落之后消逝

还会消逝的
有养育我们的阳光和土地
有养育我们的水、氧气和粮食
以及我们追逐的、厌恶的
……

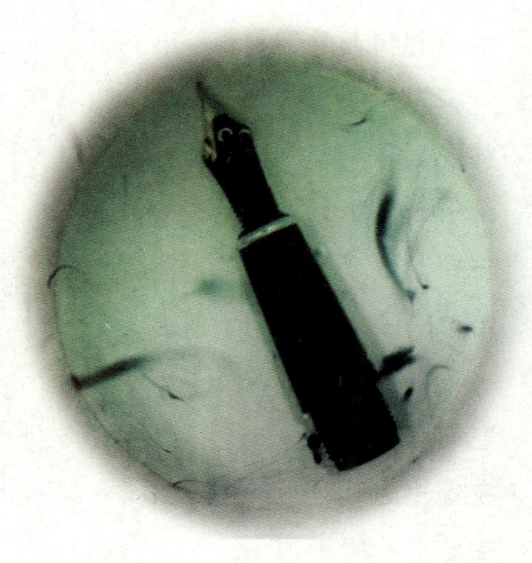

车 轮

在辎重的空气里，注入
缓、停、快、急
就拥有瞬变和无量

由直线
从各个不同的方向
精心编织圆满的谎言
真真假假之中
不错过任何的凹凸

每一次出发
都可能是轮回的开始
每一次启程
唯草和树颔首回向

灼烧
给予渴望一刻自在的停顿
停顿
给予轮子一份自由的冥想

空气
在碾轧的历程里苍老
在窒息的躯壳内

无休止地碰撞和挤压

停泊在希望的日照下
匍匐于慷慨的麦香里

交集

饱满的忐忑不断膨胀
凝固在时间的中央
最纯真和最渴望的字符
只配在一尘不染的清晨解析

也许是空气夹杂了悬浮不去的颗粒
也许是影子左右了影子
也许是凝固的时间未从中央解起
……
最初的交集
圆与圆之间的坚定啮合
注定抚平跌宕和锋芒

黄浦江雕塑的勇气
纯净地释放
光和光的桥接

可以淡忘和可以远离的
消瘦在无水的杯底
心域洒净的位置
在心的拐弯处

可以丈量的

是灯与灯的距离
难以丈量的
是两个速度的间距

我喜欢无级的定律
清晨
交集毫无雕饰的挺拔和坚韧

面对一本书

或是穿过道口的一阵孤寂
或是单调工作的消磨
或是回家摆弄一壶茶
或是高谈阔论后的亢奋

只要
一段精彩的句子
一行感动的文字

句子和句子
犹如不够宽的峡谷
很多思想从这里走出
翻越了沙漠

草草地打开
南方的江景在眼前叠见
又是花红草绿时分
段落里沾染着仙霞
草草地合上
浮躁的血液渗进车水马龙里
寄生在灰土土的雾气中
……

简单生活

生活如是简单
掘一汪清洌的水
就有了井

弹丸之地
蔚蓝的天是圆的
朴实的乡土砌的圆
不规则

拔地而起的楼群
于无边无际的云天之下仰望着
不规则的圆
在宁静的村庄执着着

楼宇之间
忽起忽落的嘈杂
重金属打击的声响
走过便离去

滴落在一汪清水里的
是久违了的感动

梅 花

是龙高昂的头
还是坚韧的舞动

是寒冬酝酿沉默
还是沉默酝酿寒冬

是深情铸就生动
还是生动铸就深情
……

虬立于凛冽的沸腾
是季节厚积的沸腾
是心力胜出的沸腾
是中国号子的沸腾

暖茶酽酽
释放飞雪的味蕾

花瓣紧挨着花瓣
独立绽放的勇士
是万花纵春的先驱

北京的蓝

中国红 熟透了
就是北京独具匠心的蓝

需要多少次洗礼
（譬如冰封的南方、汶川，譬如……）
以及多少海和海的较量
才有北京湛蓝的天，圣洁的白云

红与蓝
谁映衬了谁
谁又是谁的基色
奥林匹克的五环
每环间的距离是多少
每环的圆心在哪里相逢

北京的蓝
给了水立方绚丽的庄重
给了鸟巢缤纷的开屏
随处可遇的志愿者
把问候扎成了硕大的迎客松
……

蓝色架起了一座宽阔的桥

给不同肤色和语言以最广的空间
蓝色驰骋了顽强的中国红
使深沉的中国心最强劲地跳动
蓝色让北京的奔跑再一次提速
崭新的村庄，热情疏浚了河道
笑容自由地流动
曈曈光线连接了你、我、他……

百年的期盼
夏日和秋天的相拥
北京蓝跃上了世界蓝的浪尖
划出了道道震古烁今的光芒

记 忆

不该在心绪迷乱时打开
尘封了的心语
聒噪的汽笛
使拥堵的心路更拥堵

再近的对话也是遥远
原以为铭刻在记忆里的
醒来以后
所有的枝节悉已断裂

窗外淅沥的雨
扭曲以后打在茂密的树叶上
钻进稀松的泥土里
也难以掩饰秋天的落寞

湿透了的
是麻木的思绪
每一个章节往事
都无法链接
故事无处引首
喟叹声声
情节早已抽丝
……

用碎纸机
粉碎所有的记忆
抛向空中

记忆
不是飘零的纸屑
回落一地的
是记忆的碎片
打开时是怅惘
遗弃时是心噗

总是在日子翻过以后烦扰
把记忆小心地折叠
继续封存或者寄出
记忆的惊澜
在注入涓涓的暖光之后
必然平息

斑驳在指尖上的月影
是我记忆中的胭脂鱼

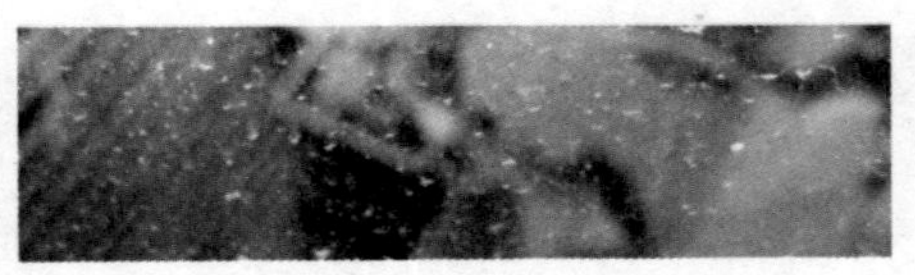

三十岁的魅力

——纪念中国改革开放三十年

三十岁
是生命之树冲出坚土
是车轮碾过沙砾
迸发青春的时光

三十岁
是秋风收集落叶
展示树的宽度
是点亮不断蹿升的城市
抬高下一次背跃横杆的时刻

从夸父开始
我们就不停地追逐
而，这三十年
一路深浅
一路荆棘
麻辣的宽窄巷
与不眠的簋街做了邻居
城市和鹊桥比肩
织女害羞地拉着牛郎的衣袖
坐在瑞丽江畔
触摸长白山的冰雪
……

三十岁的抬头
是中国，龙的昂首
三十岁的舞动
是中国，龙的飒飒雄姿

三十岁
我们能够穿透断垣残壁
寻找答案
能够在飞转的车轮中把握方向
在百鸟啁啾里展眼

三十岁
我们不醉卧在红旗下
不止于走出神舟
不屑于太空的浩渺和寂寥
……

三十岁
我们踏着骇浪
用漩涡作支点

三十岁
我们在苍山攀登
我们和苍山一般高大

寻找湖海塘

二十多年来的梦啊
每一次都是重复
朝暾之下
远处一泓湛蓝
蜻蜓悠然

那蓝源自海
是宁静之海的蓝
蓝色的海是宁静的

而，那蓝不是海
是城市中央的塘
宽阔如海
磅礴如海
却因身处繁华而为塘
这似湖、如海的塘啊
踞守在我二十多载的梦里

一段往事
一个背影
一根白发
湖海塘边的草木
清风轻拂的梦

湖海塘
离我最近最亲切的“海”
蔚蓝接踵蔚蓝

湖海塘
拥有海水的塘

儿 子

——谨以此诗献给中国人民解放军总后五一幼儿园的王园长和康老师，以及2005年6月毕业的大四班全体幼儿

没想到最后留给教室的
是红透了湿透了的
泪眼
让全教室
哭声连成一片
老师视线越来越模糊
怎能分清孩子们
熟悉和稚气未脱的脸庞

仍然瘦小的身躯
比照四年前的夏天
不再单薄
孩子的世界
就是教室里的画墙
涂满孩子的发现

拍遍教室所有的角落
拍下老师坚强的笑容
拍下同学的酸涩

再看一眼
靠窗的那张小床
昨天藏的奥特曼和悠悠球
今天只能和洁净的床单
一起回家

渴望双臂
能紧紧地围住北门前熟悉的雕塑
让身体带走雕塑的身影

教室的南门
有个斜坡
每天早上
你总是趁老师不注意
哧溜地滑下去

盼望长大
却未曾想生长烦恼
盼望长大
却未曾想离别的伤心

本书作者的孩子杨蒙自拍于幼儿园毕业前夕

日 历

故乡老墙的日历
一张张撕去
丢弃
或者焚烧

日历记录了光明和黑暗
光明不仅仅是火
黑暗不仅仅是黑
火带来光明，有时却无情
黑带来夜，带来温馨或浪漫

一张日历就是一天
或平凡或动人
一本日历就是一个四季
嬉笑怒骂悲欢离合尽在其中

没有月光的星空依然有光

挂在老墙的日历啊
当最后一页撕去后
我们失去了整整一年

故乡的老墙

悬挂日历的那一面，裸露着青色的鹅卵石
日子更迭
不知遗忘和遗弃的
此刻在哪里容身

断 想

悠悠球、奥特曼、轮滑……
是孩子赐给我的课堂
是我能安静地坐着和自由思想的房子

如今，孩子
你已经能书写感情
把担心和思念放在我的书包里
但我已不能再躬下身子
任你骑在肩上
拨弄我的白发
孩子
你已经学会把啜泣锁在书本里

我想起我的父亲
想起他在病榻前折断了的嘱咐
想起他枯竭的眼和燥裂的唇
想起他乏力的手抓住我时的无助

孩子
你不曾谋面的祖父把无助遗传给了我
我又把多愁善感遗传到了你的脸上
你却把多愁善感
沉浸在一行又一行的文字里

时钟在天地间圆润
在沧桑中行进

第六篇

——写得不满意的诗

我的许多诗作，横竖不顺眼。这些诗作，就在上列范畴内。收入它们，是想得到良师益友的评判，以求进步。

七月詩選

學誠

本书作者与好友往北京龙泉寺拜见全国政协常委、中国佛教协会驻会副会长学诚大和尚

——贤威法师摄于2011年10月29日

这个冬天，北京没有下雪

等待是孤独的
尤其是在寒冷的冬季
回忆总是很轻易地走进梦里
却不愿再走出

南国的故里
在江畔席地而坐
微风劲吹
双溪的水汽抚慰着游子的心

蜡笔画的大雪五彩缤纷

常常仰望
这个冬天，北京一直没有下雪
连叶子，也不等风起
一夜之间决然离去

冬天也会很快离去
也许，北京的春天会降一场大雪
我将在下雪的春天
画一幅冬天的雪景

雨 后

站在江畔看雨
看雨花密密麻麻地盛开和凋谢
站在江畔听雨
听雨滴淅淅沥沥地扬起和止落
……

天乍放晴
江畔广场的低洼处
江风吹动了雨水的波光

给晴朗更多的放肆
跳跃和还原心情

那蓝色很饱满
那黑色也很饱满
黑色之下
遮挡了一张童年的脸
跃动的步子
轻点着雨后的曼妙

雨霁恋着自由
就有了无所顾忌的袒露
就有了随性的舞姿

夜幕下的悉尼奥林匹克公园

一种深度的蓝
以及黑色的背叛
使蓝黑之间有了错落有致的交错

似乎是信手拈来
毫不刻意地井然排列

葱郁的绿草和树木
张开了这个凉夜的臂膀
喧闹的篝火
是奥林匹克留下的火种

启明星不忍打开悉尼的晨曦
不忍将黑和蓝
分到白昼的两边

竹之魂

不是被春雷唤出
是超越春雷的振臂高呼

从不担心昨天和今天
从不计较得与失
天与地
地上与地下
无论形骸是以什么样的方式存在
一样气冲霄汉

山与天相互的傲视
伸展了生命的坚毅
竹的梦想
就是做山的手臂
触摸天沿

战士的军礼

未曾忘记
枪林弹雨和刀光剑影
正义和邪恶的较量
未曾忘记
无数英烈的忠魂
擎起五星红旗
与旭日同歌

战士据守在那里
那里就洋溢着和谐的光
巍峨的五岳和蜿蜒的海岸线
勾画出战士的手掌
抬手落臂之间
中国军人的威武
飞过了高耸的五岳
穿过了绵长的海岸线

用隆隆炮声锻造
传承铮铮铁骨
战士的军礼
与国旗一样
与冉冉升起的太阳一样
与万里江山一样

是自信
是责任
是道义和力量
是中国的威仪

暴风骤雨中
军礼给中国以安全和希冀
风和日丽里
军礼，给连接心脏的高速路
多了更大的附着力

丢失泪水

风席卷而来的时候
月光丢在夜里
黑暗中
我丢失了泪水

往事纯然
空荡而且蔓延

无所畏惧地迎接
城市冲撞的车流
想象躺下后的平静
芦笙渐渐地在耳旁吹响
丢失的泪水
在一个人的世界里温柔汹涌

猛然间发现眼前的苗圃
绿色也是那么勉强

我在黑暗里撕去日记
在黑暗里独咽……

心在路上

把心放在路上时
就知道要塞车
而事故仅仅是途中的杈枝

深深地扎进骆宾王
站着的湖水里
猛然觉悟李清照
为什么把双溪和八咏楼留给我们
张志和的鳜鱼在鱼篓里翻腾不息
而心离这些
已经很远很远……

在路上急切地奔跑
是想找到来时的路
或是找回启动的密钥

山和雪没有尽头
迷雾关闭了所有的灯光
无意突围
独行在陈旧的往事里

第七篇

——写得短小的诗

艾青的夫人高瑛老师经常在读我的新诗作时，给我一些宝贵的意见，并且多次谈及她对诗歌的看法。

高瑛老师认为：诗是给读者看的，要让人看得懂；诗又是文学中的文学，是文学的压缩饼干，处处是精髓；另外还要注意押大体韵，毕竟是诗歌，须读得上口，记得住……

我因此尝试把诗写得简练一些……

七月诗选

何满子

乍 绿

卧在料峭春寒里倒计时
昨夜还裹着冬袍的枝丫
今晨就换上了春的霓裳

昨天
很远又很近
近的是惊诧
远的是追忆

今天
很近又很远
远的是等候
近的是依恋

明天
很远踌驳着很近
是昨天的重复
抑或是今天的开始

我 们

九月的早晨
坐在阳光下看人来人往
用音乐击掌
努着嘴哼唱
把过往的事尽情地丢弃

这样唱了许多年
词依旧
调子熟了
新奇和妩媚无意间破茧

最小的空间
无需弯腰……

不 停

不停地得到和失去
不停地惊醒和酣睡
不停地欢喜和悲戚
不停地畅想和彷徨

得到并非偶然
失去亦非必然

惊醒击溃了混沌
酣睡是无忧的种子

欢喜很是突兀
所以悲戚的门总被虚无的风推开

畅想汹涌不羁
彷徨是潮水淘下的沙

草

是蓝天给了它直立的身躯
还是它给了蓝天直立的灵魂

重要的
是彼此的呼唤和交融
简单和包容
博大和纤细
滋润着蓝
以及直立

蓝天有无垠的宽阔和无瑕的色彩
亦不足影响草的自信和直立
直立之间
草，给了蓝天更多的广袤
以及静谧的蔚蓝
赋予直立的
是蓝天的纯净和尊严

兰

这种时候
风暖暖地挨过来
温馨我们
吞噬我们
灌醉我们

很深很深的呼吸
许多日子以后
依然摇曳
犹如母亲的目光
由外至内地漫过

被喧哗的日子缠绕
却不被喧哗的日子围困
不同的地域和土壤
一样吐蕊和馥香

喜欢你在崖罅上的舒展
作鹰翀的样子
与那云一般
凌空万丈

这样的情景
挂满岁月的枝柯
沉甸甸地坠落

袋鼠

目光和思想
怡然自在地在草地上流淌

爱也一样
从发芽到生长
再到结果
沿着恋爱的轨迹自然就熟了

落 叶

飘零一地的
是另一种开始
是开始的锐勇
是离开的气魄

苹 果

近看和远看是不同的
远看是风景中的一个圆圈
近看，却是千山万壑的写意

大和小
都是眼睛的错觉

蜘 蛛

依偎在蓝天的怀里
丝丝阡陌，并不能网罗蓝天

信 封

很多悄悄的话
都藏在了里面
很多惦念的话
都捎在了里面
很多很多的……
都在里面

有时装入的
是泪水浸泡过的信笺
有时装入的
是一封很厚很厚的家书
有时装入的
是一张带着香味的相片
有时装入的
是一部荡气回肠的小说
……

悄悄的话翻山越岭
悄悄的话添了几多甜蜜
惦念的话跨海渡江
惦念的话漾出层层涟漪
很多很多的……
指尖捭阖的翘首

多少年以后
历久弥新

酒 吧

这是一列载运时间的列车
带着白昼穿进了夜色
像是给疲惫找个归宿
其实是酒的二次酿造

约上烛光
再约上散步的微风
那一盅酒
已经喝了很久

那些空洞的歌谣
在远处醉了又醉
又在一杯又一杯里清醒

和熟悉的人干杯
酒是拥抱的一种方式
和陌生的人干杯
酒是放下的一种态度

狂躁的节奏之下
心灵无比寂静
这座城市连同恍惚的灯火
于无声处
埋葬了曾经那些夜的蛙鸣

树、枝、叶

树对枝和叶说
你俩都是我的孩子
是我用心血养育了你们

枝对树说
我才是你的孩子
叶是我的孩子
枝又对叶说
没有我的乳汁
就不可能有现在的你

叶对树和枝说
没有我
哪有你们的丰采

风，狂笑不止
倾刻间
光秃秃的树、沮丧的残枝和懊悔的败叶
崩溃断裂
散落在地上的
在声声叹息中
腐烂……

第八篇

——写得较长或较辛苦的诗

2008年12月下旬的一个傍晚，《北京晚报》副刊中心主任高立林老师给我来了一个电话，嘱我写一首新年的祝福诗，一个整版，200至250行。

新年的第一天，又是一个整版，我不动心是假话。《北京晚报》是北京发行量最大和最深居人心的都市报。北京大文豪云集，我何德何能担当此重任？思考了一夜，我给高主任打了个电话，欲推掉此事，在半推半就之间，最后还是应诺了下来。

接下来的时间，就是琢磨给诗作搭建框架。试想，此前我的诗作，每写到30多行，就开始铆不住劲了，这好，一下子要蹿升到200多行。苦闷了些许天，找不出整体感的解决办法。

那天驾车回家，突然想，如果以驾车作为诗作的线，松垮的问题不就解决了吗？熬了一个通宵，200余行的《祝福2009》一气呵成。不过，诗作的主线不是汽车，而成了一艘穿行四季的船。

除了《祝福 2009》，这里还收入了另外一些较长或写得较辛苦的诗。

七月诗选

祝福2009（组诗）

当我们打开2009年日历的第一页，2008年在最后的报时钟声敲响之后又成为一段历史。尽管还是寒冬，我们还需要穿着厚厚的冬衣遥望太阳，但春天离我们已很近。我们无法预想2009年的冬天将是什么，但我们热爱生命、诗和阳光！

重航2008

假想自己是一名水手
就做驾驶航船的舵手吧
在劈波斩浪中长高、长大
并在2009年的第一天
重温2008年每个季节的热泪

航段一

先把航船停泊在2008的早春
感受南国那场大雪的威力
（多少回乡的步履被风雪冻雨羁绊
新年的钟声撞开阵阵叹息
冰霜在望乡的眸中融化
淌在皴红的脸庞）
和屹立在大雪中巨人的热度

这是在瞬间成长的巨人
大雪之前
平凡朴素
终日劳作
大雪之时
驰骋在雪海里
攀登于雪山上
他们的爱和热血

铸就了不倒的身躯和精彩
这一个个巨人啊
用自己的体温
还南国的春天以本色

航段二
初夏，芦笙阵阵的羌族山寨前
我们的航船
强烈地感觉到了黑色的震颤
5月12日14时28分，北纬31度、东经103.4度
乐声戛然而止
青山崩塌
河湖改道
碉楼夷为平地
坐满求知孩童的校舍
机声隆隆的工厂
熙熙攘攘的商厦
……
顿失容颜

瓦砾堆中求助的手揪人心痛
这一天里
数万张笑脸遁迹地下
数万个未来消失山峦

这一刻
北京把目光锁在了汶川
华夏把担心放在了汶川
世界把耳朵立在了汶川
仅仅一个多小时以后
共和国领袖们的声音就响彻了废墟上空

56个民族被唤醒了
无数热切坚实的臂膀
撑起了一道又一道防护墙
汶川大地
脚步从没有过这样紧迫密集
各种语言在用同一种语调呼喊
——急——急——急！！！
——快——快——快！！！

航段三
航船停靠在水立方的时候
秋天即将来临
中国的欢呼
遍及了五洲四海
掌声雷动
寰宇震撼
盛夏的蓝天下

鲜花淹没了
宽阔的北京城
奥林匹克的圣火映红了华夏的肌肤
也淬炼了历经灾难砥砺
在国歌声中
一次又一次擎起五星红旗的健壮筋骨
坚忍的意志、拼搏的汗水、激动的泪滴啊
酿就大中华共饮的琼浆

遗落在敦煌石窟的那个神话
也已不再是中国的梦
神舟骞翮苍穹 勇士行走河汉
意气风发的中国，彻夜不眠

还有太多铿锵的乐章
比如
和谐号拉近了紫禁城和黄浦江
拉近了圆明园和美丽的西子湖
比如……
中国的扁担
被沉甸甸的秋笑弯了腰

航段四

秋深冬近
我们把航船驶回了港湾
准备过一个喜洋洋的暖冬
回味祖国的每一个胜利
分享每一颗果实
像孩子依偎在母亲的怀中
徜徉幸福的时光

华尔街的风暴
不期而至
我们立定于船首
像航船上飘扬的旗帜
毫无耆色地与飓风共舞
踉跄、立定
立定、踉跄、立定……
经历了春天的那场大雪
经历了初夏的那次地震
我们刚强的体魄蓄满了不尽的能量

在昏暗中摸索
向海啸和寒潮宣战
我们向世界说
中国真正的长城

是中国人血肉相连筑起的长城
永远不垮

祝福2009

清冽的风瘦瘦地穿过
每一株发梢
这时我才发觉
我的脚印
已经踏遍了2008年的每一格

精彩和缺憾
灾难与热泪
虽已沉寂在风里
但我们将一一铭记并珍藏

祝福一
零时
爆竹震响了激昂的汽笛
氤氲渐渐散去
新的航程催促我们
进发新的彼岸
让我们一起举杯
祝福新年
祝福北京
祝福中国

祝福二

走出船舱
告诉睡眼惺忪的朋友
春天的消息越来越近
春天的气息越来越浓
看——
娑罗树上缀满了祈福
娑罗树下落满了期待

我们开启希望
无论与冬的博弈还需多少里程
春天已然写进我们的航线
北陲还是南疆
我们的航行朝着同一个方向

送上我们的笑容
传递每一个祝福
让春风吹来瑞云
祝福我们的老人
当喧嚣隐退
绚烂归于平静
愿你们用恬淡健朗的心
描画人生最美的夕阳
让春露滋润花蕾

祝福我们的孩子
愿你们清澈的眼
保持纯真和善良
劈开风雨
踏过泥泞
迎着朝阳走向四季
让春光铺满回乡的路
祝福他乡的游子
愿你们旅途平安
让春潮涌动真爱
祝福天下有情人
愿你们以一颗忠贞的心
让爱的誓言
与平凡的日子相伴

祝福三
给南国的朋友送上我们的掌声
告诉他们
北国和南国山水相连
给汶川的朋友送上我们的温暖
告诉他们
汶川的土地不再生长裂纹
别忘了通知天国的孩子
回家和你们的父母一起守岁

还要告诉失去家园的亲人
新的家园不再担心地球颤抖
向奥运健儿以及科学家、航天员致敬
我们为拥有一个共同的名字而自豪
再向祖国母亲道个平安
告诉她
我们努力并快乐着

祝福四

我们乘风破浪
我们义无反顾
我们众志成城

在南湖的那艘红船边歇脚
向共和国先驱们表达我们的敬意
谈一谈我们的航程
道一道我们的风尘
说一说我们的领悟
聊一聊我们的家事

在途经的每一个城市和村寨歇脚
向所有炎黄子孙捧上我们的佳酿
我们尽情畅饮
我们欢乐歌唱

我们打开往事
我们播种明天

我们将在明年的春天
向红船描绘下一个蓝图
我们将在秋天
回到那些城市和村寨
与他们一起
收获硕果

我们满载祝福
我们启航憧憬

父 亲

父亲出生于海边
最终没有回到海边

父亲对海的眷恋
刻在了墓碑上的目光中

这是一片看不到海的墓地
坟冢后的松柏
寸步不离地慰藉着父亲思乡的哀恸
我是父亲唯一的儿子
却只能守在千里外的旷地
借着月夜和火光
给父亲捎上新衣和家什

父亲远逝时划在我心口的那道伤
如是雨季
伤口每日作痛

父亲是临时工
是在远离海的那座城市
每天骑着三轮车忙着送货的临时工
那三轮车如同洗濯得发白的劳动服、解放鞋
布满补丁

父亲是骑三轮车的好把式
这辆破旧的三轮车
像匹不桀的野马
被父亲拾掇得服服帖帖
以至于父亲可以用两轮侧骑飞驰
……
我记忆的儿时
就是在每天日落时分坐在门槛
等候哐当作响的三轮车回家

父亲是我家那条小街的美食家
一棵白菜外加一块豆腐
可以让满小街的空气变得有滋有味
冬天的时候
火炉上架口铁锅
就是我家的大火锅
垂涎欲滴的美味
驱赶了我儿时全部的严寒

父亲唱京剧时
一板一眼、一招一式出神入化
从《沙家浜》到《红灯记》，再到
《白毛女》……
唱醉了整个街区

从没听过父亲唱越剧
那天放学
远远听见家里飘出如泣如诉的越剧
竟是父亲所为
父亲晃着的酒杯
滴满了消瘦浑浊的泪
这一天我才知道
父亲每日相伴的三轮车
每截链条都是他二十余载的冤屈和
不平事
蓄满酒盅的泪呀
是父亲隐忍了二十多年的苦水

那年离家远行
汽笛乍响
告别时的父亲突然背身
那背转了的身躯已日益伛偻
隆隆列车
犹如父亲那三轮车的泣血吟唱
送我一路北上
……

父亲离去的前一天
泪如雨下

父亲说，这是他最后一次流泪
必须浩浩荡荡
泪停了
父亲微张着嘴
带着许多未说的话与我永别

父亲离去时
我还是满头年少的乌发
而今我的时光
处处生长白发

父亲把最后的笑写在了墓碑上
我却在渐生华发里
种下了泪水
父亲啊
我能否蹚过分隔你我的这条河
为您拭去眉梢上的柳絮
再跟您学唱京剧

父亲
今天，我守在你墓前
背靠着你的目光
陪你迎送山冈的日出日落
再席地而坐

陪你喝上几盅
泪水温热的黄酒

静谧的柏树林
酒的芳香生起了缕缕细风

父亲
听我给你唱一段京剧
你说说
我还是不是你的儿子
……

我的身份证

一

那一年
整理好行囊
妈妈小心翼翼地把身份证交给了我
说去了城里
一定要把它收好
有了它才能找工作

这里的楼比家乡的山还高
却不能牧歌
工厂的轰鸣赛过了山里的爆破声
却没有爆破声的哨响

我小心地揣着身份证
老乡提醒我
没有它
就办不了暂住证
就不能在这个城市居住
（看见它我才能安心入眠）

这个城市听不懂我的语言
除了工厂的姐妹
我只和自己对话

上街的时候
我远离人群
城里人说我的辫梢带着泥土味

暮色涂满了街道和建筑
也触发我寻找回乡的路
妈妈的呼唤
总在我睡梦中响起

二
数年后
妈妈说
身份证里可是存着家乡的莜麦
想家的时候
就枕着身份证睡吧

这个城市的水有漂白粉的气味
（喝了好几年，还是不习惯这种滋味）
我做梦也想喝上一瓢村头老井的水
山里人还是爱喝土地的甘露

城市里流淌的是疾驰的汽车
远远地看

像家乡山前的那条河

刚到这个城市时
我还是个懵懂的少女
如今已是娉娉婷婷的姑娘了
（在老家，我该是别人家的媳妇了）

有两年春节，我留在了这个城市
可工厂的年夜饭再丰盛
也比不过妈妈包的饺子好吃
拨通家里的电话
我和妈妈捉起了迷藏
听筒里除了爆竹声声
还有妈妈唤我乳名的声音
……

妈妈回信时说
我的信只有一行行洇开了的墨迹
希望我能写一封清晰的信给她

我们的工厂离家乡很远
但我的思绪每天回到家

三

昨天
妈妈说
还记得身份证上那栋老屋吗
妈妈想囡了

妈妈说
她已经能看清我写的信了

城市的围墙
就在昨天拆除了
我和姐妹们一起
汇入了大街上的人流
走进必胜客，坐进肯德基、麦当劳
并与这个城市的人一起去沃尔玛赶集
……

妈妈说 我变了
听不到我在电话里的哽咽声
她有些失落

我可以用这个城市的语言
和这个城市自如地交流
并为初来的陌生人指路

妈妈
不是不想你
更没有遗忘回乡的路
是这个城市的日子
一天挤着一天

妈妈
你给我的身份证
我依然像宝贝一样地收藏着
这里有我的名字
农民的身份
劳动者的尊严

大 姐

大姐的听觉和声音
在八岁生日那个高烧的早晨迷失了
她再也听不到我淘气的动静
只能用撕裂的呼唤
寻找落泪的爸妈和我……

大姐在八岁生日前
每天有讲不完的故事
大姐怀念那些时光
小心收藏了整箩筐的童谣
那些童谣在她心里不住地咏唱
给爸妈、给妹妹、给我
给所有的街坊和陌生的过客

每当我和同学玩耍时
大姐用歆羡的眼神远远地守护
猜想我们翕动的嘴发出的声音
……

我的聋哑大姐哟
年甫十六就扛起了半个家
找到工作的那天

她双手不停地重复着同一个誓言
要用残缺的听力和语言
供我长大和上学

每遇天寒
大姐的手势像打架
还加上她嘶哑的呐喊声助威
逼我穿戴好衣帽

大姐和我相隔千里
她未曾来过我生活的城市
只知道这里有天安门
有长城和故宫……
大姐想我的时候
就做几道我喜欢的菜
铺开照片跟我聊垂髫时的事

大姐枯瘦的手哟
每日不忘向耄耋的母亲比画外面的新鲜事
每当我回到家乡
大姐的手又向我细数
母亲的朗健和笑脸
大姐每次用这双手嘱我回到生存的异乡
她喜欢倚着窗棱目送我

直到目送的光线拉到极限

……

大姐，我——

今生为你弟

来世为你姐

雪花飘落

推开窗扉的速度
是雪花飘落的速度
是渴望与等候
爱抚与深情
拨动这个冬天最真诚的速度

雪海茫茫
驰骋春的畅想

秋走远了吗
秋缩在雪地下
秋躲在了泥土里

冬是深邃
深邃是因为沉寂

雪花飘落的冬天
无需表白和祈祷
无需准备和迎迓
只要温度和湿度徐徐挥袖
就有漫天起舞的心絮

出其不意地来了
出其不意的冬衣逶迤而隆重
悄悄地走了
冬日的胸襟绵延无际

深深地浸入大地
是雪对大地的赤诚
渐渐淡去的痕迹
是赤诚的魂印
戳进早春的泥土里

触摸和热吻雪花
摔打和奔跑在雪地
皑皑白雪的热浪
把笑脸蒸得通红

不因缓慢而忽略
不因熟谙而无视
错过不容错过

用雪花飘落的速度
打开心扉
用雪花飘落的心情
注视雪花

用雪花飘落的俏皮
截获快乐

冬天的热盼是冰冷的
唯有冰冷
才能在漫天的雪花里
找到肃然的生动和萧飒的情愫

中国铁龙

——献给京藏铁路

嘉兴南湖红船上的豪迈和执着
终于在2006年7月1日
治愈了共和国开国领袖毛泽东的失眠

海拔4000米以上疾驰的
是女娲和精卫的天作之合
从格尔木到拉萨
1956公里
转经桶的佛音
传诵的是天路10万大军
九大惊天巨作

西王母于青海湖的环湖草原
以及柴达木盆地
分别摆上盛大的蟠桃会
让文成公主
把进藏亲人的目光
永远停留在唐古拉山
让进藏亲人的心
永远流连在纳木错的黄昏

从1943年的27000峰骆驼
到1954年的青藏公路
曹汝桢、刘德基、慕忠生、张树森、
孙永福……
为了同一个梦想
相继而至
要牵布达拉宫与祖国的手臂紧紧相挽

北京西站
在2006年的6月28日
聚集了全世界的目光
巅峰之旅的第一张票在凌晨6时30分
从这里售出
焦裕禄故乡那个年轻人的笑声
从这里传给了世界

昆仑山和祁连山称雄的年代
已被穿越世界屋脊的列车
重重地画上句号
可可西里的藏羚羊呀
眼望着一闪而过的铁龙自愧不如

甩过戈壁、荒漠
甩过沼泽湿地和雪山草原……

京藏铁路
寸寸铁骨连成的中国龙

跋

东彪和他的“命盘”……

那日，在京伦饭店，再次见到主办旗下品牌一场大型活动的东彪，我们彼此都愣了。那个瞬间的陌生，诠释了岁月，解读了交错的、各自的生命轨迹……

仔细端详他，还是有某种气势深藏在眉宇之间。那种气势，在他三十岁上下时，曾经被一位偶尔出山的高僧看出来过……站在饭店的大堂里，我倒吸着凉气，追忆着那千般的神奇：我们常说的那句“不幸被言中”，在这里应该置换为“有幸”吧？我也算是个不大不小、“巫婆”级别的人，通晓一个狮子座的男人，一生难免放下张扬的激情和固守的信仰。但我到底还是没有洞彻东彪直至今日还在坚守的坚守。他的执着，对诗的执着，对人生的执着，对活法的执着，真的飘忽出了我的法眼。

不愿肆意为东彪的诗集作评，不是对诗人的漠视，是对有诗意的人生充满敬畏。

曾经的我，是文学编辑和专栏作家，自然结识了不少圈内被我称之为“生前友好”的“著名诗人”。我见证了他们些许异类般的疯狂、自尊和被抽象了的生命，也深谙他们的孤独、梦幻和超人的智慧……回望东彪，居然迷惑了：他究竟是诗人，还是商人？或者，是商人中的诗人，诗人中的商人？

对于他，有兴趣徒说一二。

看到他的诗，从来都是片段，如同听闻另一个人间歇性的诗情发作。每隔数天或数月，手机上就会猛然地出现这位忽而改叫“东坡”、忽而又叫“东彪”的老友发来的信息。不看内容也知道，他有诗作在哪里发表，并一定缀补着“敬请什么什么”的谦卑字眼儿。今天细细想来，这样的情景不是一年或两年，而是几十年！什么样的人会把写诗变成这么隽永缠绵的生活啊？什么人，会从一个食品业公司经理助理做起，在你经意不经意间，数年过去，变身为另一些身份和“人物”时，他还在食品业的圈子里从不上岸地游弋，而且，还不耽误做一位诗人？！

我通常信命，笃信变数。东彪的变数又是什么呢？

或许在他骨子里缠绕着的，就是情怀。一份情怀，才会这样不生不灭、无始无终地延续。

在他的精神世界层面，或许更有些基因作祟：那是他作为宁波人的后代，活在这个世界上对成功者的态度。他的生猛和血性，他的勤奋和目标性，都坚定地宣告着他的存在感。当情怀和基因相互作用，诞生的是可以见证的果实——晚熟，但丰硕得从容、自然。

至今还记得，那位神秘的高僧大德为东彪生辰八字做出的那张叫做“命盘”的东西，把他前三十年，后五十年，以几年为一个命运的转折，诠释得尽可触摸。也记得当时此人被命运提前“判决”过的那张甚为青涩的脸上，除了惊讶，写满细腻的迷惑……之前的，说得无一为非；之后的，如同今日所见。

还有那些中间的呢，那些必经的人生坎坷和磨难，他却从来不曾提起。我只看得到，他在生命的流淌中顺势流淌，在人生的磨砺中尽情磨砺。

他会成功，他是那种具有成功基因的人，他有超乎常人的“命盘”，还有超越“命盘”的激情和顽韧。

他大概就是当今最时髦的那句“正能量”的代言者之一吧！——一个努力做“最好的那个自己”的人，必会洞见最远处的风景，成就最美好的生命状态，还有，最永恒的、最属于他内心的诗意。

在我的通讯录里，把他放在朋友圈中哪个群体里存档，似乎都不对。为了一想到这个名字便产生直觉性联想，我在他的大名前做了如下标注：

“老友诗 . 食 . 狮 : 杨东彪”。

2013年5月28日于北京

周晓红

开国将军周希汉之女。曾就职中国青年出版社、中国作家协会《中国作家》杂志社，发现、培养、挖掘了国内一批重要的优秀青年作家与他们的优秀获奖作品，也因此而获奖、获誉。多家报刊专栏作家。

现任国际形象顾问协会（AICI）中国（北京）分会副主席、中国形象设计协会副主席等职。